DICHTERWETTSTREIT*deluxe*

© 2024 Dichterwettstreit deluxe, Villingen-Schwenningen
www.dichterwettstreit-deluxe.de/impressum

Satz & Lektorat: Dr. Rebecca Domke & Elias Raatz
Design: T-Sign Werbeagentur
Titelbild: © stock.adobe ALL YOU NEED studio
Druck: BOD GmbH, Norderstedt

ISBN: 978-3-98809-029-4
ISBN E-Book: 978-3-98809-030-0

www.dichterwettstreit-deluxe.de

Jessica Davis

Verbales Konfetti

16 Texte über
Heiterkeit, Streit und Leid

DICHTERWETTSTREIT deluxe

Über die Autorin

Jessica Davis erblickte 1989 in Kalifornien (USA) das Licht dieser Welt. Sie fand schon früh Zuflucht im geschriebenen Wort und füllte Tagebuch um Tagebuch mit immer absurder werdenden Kurzgeschichten. Zunächst ausschließlich in englischer Sprache, seit ihrem Umzug nach Deutschland im Jahr 2000 auch auf Deutsch.

Mittlerweile widmet sich die zweifache Mutter vollumfänglich dem geschriebenen und gesprochenen Wort. Als hauptberufliche Trauerrednerin nutzt sie Sprachkunst, um Unbegreifliches greifbar zu machen und Worte zu finden, wenn einmal Sprachlosigkeit herrscht.

Seit 2023 tritt sie deutschlandweit mit ihren Texten regelmäßig auf Poetry Slam-Bühnen auf und hat sich dabei bereits in ihrem Debütjahr für die hessischen Poetry Slam-Meisterschaften qualifiziert.

Mit „Verbales Konfetti" erscheint ihre erste Textsammlung bei *Dichterwettstreit deluxe*.

Widmung

Ich widme dieses Buch meinen Kindern Shay und Eddy. Lasst euch niemals sagen, ihr könntet etwas nicht erreichen. Auch nicht von mir. Danke dafür, dass ihr mir stetig Material für neue Texte liefert. Ich liebe euch bis zum Mond und wieder zurück.

Inhalt

Vorwort: Verbales Konfetti 8

Meine Konfetti-Kategorien 10

PAPIER:
Mutter 12

GLITZER:
Besuch...17

PAPIER:
Name.. 22

GLITZER:
Spiel 26

BLUMEN:
Zeit 32

GLITZER:
Winter 38

BLUMEN:
Stern 42

PAPIER:
Blumen.. 47

GLITZER:
Nichts... 55

BLUMEN:
Hass.. 62

BLUMEN & GLITZER:
Staub.. 64

PAPIER:
Wind... 72

GLITZER:
Bernd.. 75

PAPIER:
Held.. 79

PAPIER:
Laudatio.. 84

EPILOG:
Verbales Konfett 91

Vorwort: Verbales Konfetti

Liebe Leser*innen, herzlich willkommen in meiner allerersten Textsammlung! Seid ihr schon gespannt, was euch erwartet? Ja? Das ist schön. Ich bin es nämlich auch.

An dieser Stelle muss ich euch etwas über mich verraten: Ich habe gar keinen Plan, was ich tue. Das meine ich wortwörtlich. Wenn ich schreibe, habe ich zu Beginn meist keine Ahnung, wohin die Reise eigentlich geht. Meistens schreibe ich aus dem Bauch heraus und fast immer als unmittelbare Konsequenz persönlicher Erlebnisse und Begegnungen. Wenn mich etwas bewegt, berührt, verletzt oder erfreut, schnappe ich mir bei der ersten sich bietenden Gelegenheit meinen Notizblock und lege los. Dabei lasse ich mich intuitiv von meinen Emotionen leiten und gehe den Weg, der sich in dem Moment richtig anfühlt. Es ist quasi meine eigene, persönliche Form von Therapie! Nur, dass es mich nichts kostet. Außer meiner Lebenszeit. Ziemlich viel davon sogar. Und auch ziemlich viel Schlaf, weil ich mich regelmäßig im Schreibprozess verliere und dabei komplett die Zeit vergesse. Hallo Sonnenaufgang, was machst du denn schon hier?

Ab und an kommt es dann doch vor, dass ich einen Text vorab akribisch plane. Wir wissen aber alle gut, wie das im Leben mit Plänen so ist. Aus Comedy wird dann doch Herzschmerz und umgekehrt.

Doch unabhängig von der Art der Entstehung haben alle Gedichte in diesem Werk eines gemeinsam: Jedes einzelne Wort kommt von Herzen.

Ob nun abstrakt oder ziemlich offensichtlich: Jeder Text spiegelt meine eigene Lebenswirklichkeit in irgendeiner Form wider. Entweder, weil es sich um Begebenheiten handelt, die mir selbst oder mir nahestehenden Personen so widerfahren sind. Oder, weil es sich um meine eigenen Weltansichten und Gedanken handelt.
Ihr werdet die hierin vertretenden Ansichten vielleicht nicht in jedem Punkt teilen. Das ist vollkommen in Ordnung, schließlich profitiert unsere Gesellschaft bekanntermaßen von Vielfalt.

Ich freue mich in jedem Fall von Herzen darüber, dass ihr dieses Buch gerade in den Händen haltet und mir damit etwas von eurer Lebenszeit schenkt. Sogar freiwillig! Das hätte ich als junges Kind niemals zu träumen gewagt.

Hier noch die Kurzversion für diejenigen, denen mein Vorwort zu lange war und die bis hierhin überflogen haben (TLDR):
Um einen guten Freund zu zitieren: „Heutzutage lassen die aber auch echt jeden ein Buch schreiben."
Wo er Recht hat, hat er Recht. Hier sind trotzdem meine persönlichen Gedanken, mein verbales Konfetti. Viel Spaß beim Lesen (und danke)!

Meine Konfetti-Kategorien

Damit ihr vorbereitet in die Konfetti-Ektase startet, will ich einmal erläutern, was euch hier zwischen den Zeilen erwartet.

Jeder folgende Text ist eingeteilt in eine der folgenden Konfetti-Kategorien:

Blumenkonfetti

Bei einer Hochzeit regnet es oft Blumenkonfetti.
Da ist alles bunt, fröhlich, einfach gänzlich paletti.
Ein Moment voll Freude und Heiterkeit
von dem nur gute Erinnerung verbleibt.

Blumenkonfetti-Texte sollen Freude machen,
hier dürft ihr über meine flachen Witze lachen
und werdet selten verwirrt mit harten Tatsachen.

Einen metaphorischen Besen zum Aufräumen
braucht es hinterher eher nicht.
Weil Blumenkonfetti
biologische Abbaubarkeit verspricht.

Papierkonfetti

Hier ist nun etwas mehr Vorsicht geboten,
denn Papierkonfetti ist meistens verboten.
Kein Standesamt dieser Welt
freut sich, wenn die Hochzeitsgesellschaft
Konfetti-Kanonen in den Händen hält.

Die Texte erfordern mal einen geistigen Besen
nach dem Lesen einiger Passagen oder Thesen.
Sind nicht ausschließlich fröhlich und leicht,
weil Heiterkeit manchmal dem Trübsinn weicht.

Glitzerkonfetti

Glitzerkonfetti-Texte sind für die ganz Harten,
die gern die nächste innere Putzaktion starten.
Glitzer sieht schön aus, solange es schwebt,
doch schnell wird es konkret,
wenn es den ganzen Boden auf Dauer beklebt.

Glitzerkonfetti-Texte sind nicht leicht zu verdauen
und sollen gezielt auf die Kacke hauen.
Achtet auf euch und lest diese im Zweifel nicht,
sollte es sich um ein Thema handeln,
welches euch zu sehr aus der eigenen Seele spricht.

PAPIER: Mutter

Ich bin eine schlechte Mutter.

Beim Gang durch die Wohnung fällt es schon auf,
der Berg an Wäsche gleicht dem Mount Everest,
genauso hoch und unbezwingbar für mich.
Mit Geschirr in der Spüle spiele ich Tetris.
Wenn meine Söhne nach der Schule heimkommen,
steht das Essen auch noch nicht auf dem Tisch.

Ich bin eine schlechte Mutter.

Ich bin nicht immer präsent,
stehe nicht immer am Spielfeldrand,
wenn die Fußball-Mannschaft meines Kleinen ein
Spiel gewinnt.
Und rennt mein Großer beim Langlauf ins Ziel,
sehe ich nicht immer aktiv zu,
denn ich gehe arbeiten, sogar relativ viel.

Ich bin eine schlechte Mutter.

In den Kinderzimmern meiner beiden Söhne sieht
es fast immer so aus,
als hätte eine Bombe eingeschlagen,
weil ich da drin nichts anfasse.
Ich warte ab, bis es ihnen zu viel wird,
bis sie mich selbst um Hilfe fragen
und auch dann delegiere ich mehr,

als dass ich Hand an die Spielzeugkiste lege.
Sie müssen sich schon selbst bewegen.

Ich bin eine schlechte Mutter.

Bin zwar progressiv und modern
und lebe ganz nah am Puls der Zeit.
Doch ich lasse meine Söhne trotzdem niemals mit
Puppen spielen.
Keine Barbie im schönen Kleid,
weil ich nicht will, dass meine Söhne lernen,
dass ein Mädchen nicht mehr ist,
als ein unmündiges Püppchen.

Weil ich nicht will, dass meine Söhne denken,
dass ein Mädchen etwas ist,
das man nach seinem Geschmack
und seinen Bedürfnissen
an- und ausziehen,
biegen und formen kann.

Eine immer breit lächelnde Marionette,
ohne Meinung,
ohne eigenen Klang,
die auch dann weiterlacht, wenn du sie ausziehst,
ohne sie vorher zu fragen.
Weil ich nicht will, dass meine Söhne lernen,
wie es sich anfühlt, einen Frauenkörper
als Besitz in der Hand zu tragen.

Ich bin aber auch eine schlechte Tochter.

Weil ich einen Streit anzettele, wenn mein Vater seine Enkelkinder im Spiel kitzelt.
Wenn diese dann „Nein" sagen
und er aber weitermacht,
immerhin ist es doch bloß ein Spiel.
Ein Spiel, welches ich aber zu gut kenne,
dessen Konsequenzen ich konkret benenne.

Wie sollen meine Söhne lernen,
das „Nein" eines Mädchens zu akzeptieren,
wenn ich ihnen nicht jetzt schon beibringe,
dass ein „Nein" zu ignorieren
bedeutet, Grenzen zu übergehen.
Wenn ich ihnen nicht jetzt schon beibringe,
dass „Nein" auch „Nein" heißt
und nicht, „Mach weiter" oder „Vielleicht".
Wenn ich ihnen nicht jetzt schon beibringe,
dass es eben nicht reicht,
danach zu lachen und zu lächeln und zu sagen:
„Ach komm, war doch nur ein Spaß".

Denn die erste Frau im Leben meiner Söhne,
das bin ich.
Genau deshalb steht nach der Schule
das Essen noch nicht auf dem Tisch,
denn beim Gemüse schneiden, Nudeln abkochen
und Tisch decken machen meine Söhne mit.

Da ich die erste Frau im Leben meiner Söhne bin,
räume ich nicht hinter ihnen her.
Ich bringe ihnen bei, es selbst zu tun,
denn ich bin mehr.

Mehr als eine Putzfrau,
mehr als eine Bedienung,
mehr als eine Köchin,
mehr als eine unmündige
stets lächelnde Marionette,
die auch dann weiterlacht, wenn du sie ausziehst,
ohne sie vorher zu fragen.

Meine Söhne sind jetzt sieben und neun Jahre alt
und verstehen den Gedanken natürlich noch nicht.
Für sie bedeutet mein Mangel an Handlungen
oftmals Verzicht.
Verzicht auf Bequemlichkeit
und manchmal auch Verzicht auf Zeit.

Doch ich mache es trotzdem.
Denn eines Tages,
da werden meine Söhne
Männer sein.

Sie werden Männer sein und
hoffentlich
lassen sie sich nach Feierabend
nicht bloß bedienen,
sondern decken selbst den Tisch,

hoffentlich
wissen sie dann selbst wie man kocht,
wäscht und wischt,
hoffentlich
ist es mir eines Tages egal,
wenn meine Enkelsöhne
mit Puppen spielen.

Weil wir es als Gesellschaft
dann endlich geschafft haben,
das Bild einer Frau zu kreieren,
die so viel mehr ist als jemand, die „Nein" sagt,
aber angeblich „Vielleicht" meint.
Mehr als jemand, die in den
Gedanken der Gesellschaft auch heute noch
Nachgiebigkeit und Gefälligkeit in sich vereint.

Hoffentlich
wissen meine Söhne dann,
wie wichtig es ist, eine Frau
als mündige Persönlichkeit wahrzunehmen,
und nicht als Besitz.

Wenn es
hoffentlich
irgendwann soweit ist,
blicken meine Söhne vielleicht zurück und sagen:

So eine schlechte Mutter
warst du gar nicht.

GLITZER: Besuch

Bei deinem letzten Besuch warst du
ziemlich angespannt.
Warst irgendwie nicht du selbst und
deine zitternde Hand,
wollte mich nicht so recht berühren.
Du schienst Schmerzen zu haben,
die dir die Kehle zuschnürten.

Wolltest zu mir sprechen, jedenfalls glaube ich das.
Doch die Worte blieben dir in dieser
Kehle stecken.
Deine Wangen waren nass.

Die Töne, die aus deinem Mund entwichen,
waren Klagen und Wehen und Verzweiflung
und zwischen
deinem Bemühen, aus Gefühlen
Silben und Worte zu bilden,
konnte ich nur stumm zusehen.
War handlungsfähig und deinen
Klagen und Wehen
machtlos ausgesetzt.
Konnte bloß zusehen,
wie es dich innerlich zerfetzt.

Allmählich kehrten deine Worte zurück.
Und mit ihnen eine Wut,
die du mir dann

Stück für Stück
entgegengeschleudert hast.
Ungebremst, ungefiltert
hieltest du dich nicht mehr zurück
und schildertest mir ausführlich,
welches Leid ich dir ungewollt zufügte.
All die Freude, die ich dir nahm.
So, als ob das genügte.
Als ob das irgendetwas rückgängig machen könnte.

Doch anstatt dich zu trösten,
zu umarmen, zu liebkosen
beobachtete ich stumm den Bund weißer Rosen
in deiner Hand.

Du hattest mir Blumen mitgebracht.
Mir erschlich sich allmählich der Verdacht,
dass dies ein endgültiger Abschied war.
Mein in Stein gemeißelter Anblick war dir nun
unerträglich.
Während du die Blumen auf die Erde niederlegtest
dauerte es keine Sekunde,
bis ich dir deinen Schlussstrich vergab.

Denn an diesem Tag besuchtest du mich
an meinem Grab.
Eines Tages,
wird ein jeder von uns tot sein.
Eines Tages wird es Menschen geben,
die um dich weinen.

Es wird Menschen geben,
die eines Tages zu deiner Beerdigung gehen.

Wie viele es wohl sein werden?
Fünfzig?
Zwanzig?
Vielleicht nur zehn?
Einige kommen definitiv.
Doch andere werden erstmal
in den Himmel sehen
und vielleicht zu Hause bleiben.
Weil es dann regnet.
Weil man sich zu Lebzeiten im Grunde
gar nicht so oft begegnet
ist.

Du warst zwar immer ganz nett
und vielleicht wäre es auch ihre Pflicht.
Aber seien wir ehrlich:
So gut kannten sie dich nun auch wieder nicht.

Man war sich zwar bekannt,
es gab sicher das ein oder andere,
was euch verband.
Aber eben nicht genug.
Es reicht nicht für die Teilnahme am Trauerzug.

Vielleicht schicken sie deinen Liebsten eine Karte.
Gespickt mit zarten
liebevollen Trauerphrasen.

Aber seien wir ehrlich:
Diese Karte wird gänzlich
untergehen im ganzen Trubel.
Und die Trauerphrasen haben sie
sowieso von Google.

Ab und an werden diese Menschen
an dich denken.
Gedankenfetzen von denen
sie sich schnell wieder ablenken.
Denn auch wenn du natürlich etwas
ganz Besonderes bist.
So gut kannten sie dich nun auch wieder nicht.

Doch wenige Menschen werden dich
auf diesem letzten Weg tragen.
Werden es vielleicht tatsächlich wagen
und deine Urne selbst in die Hand nehmen.
Werden mit langsamen Schritten
diesen einen Weg gehen,
der ihre Füße mit jedem Schritt
schwerer werden lässt,
schwer wie Blei.
Denn für diese Menschen
bedeutet es unfassbares Leid
zu wissen, dass sie dich schon bald
für immer loslassen müssen.

Für diese Menschen
fühlt es sich an,

als hätte man ihnen das Herz
aus der Brust herausgerissen.
Während du eingebettet wirst
mit kühler Erde als Kissen.
Blumenblätter von liebenden Händen
gestreut decken dich zu
und als Asche von Keramik umhüllt
hast du sie sodann gefunden:
Deine ewige Ruh'.

Doch noch ist es nicht so weit.
Noch hast du hoffentlich ganz viel Zeit.
Nutze sie weise: Lebe, lache, liebe, reise
um die Welt.
Lebe dein Leben und mach dir diese Welt
„widdewidde wie sie dir gefällt".

Wenn du deine Liebsten siehst,
drücke sie so fest du kannst.
Tue Dinge, die dir guttun.
Dinge, mit denen du Energie tankst.
Investiere diese Energie sodann
in die Menschen, für die du die Welt bist.
Nicht in diejenigen, die eines Tages sagen werden:
So gut kannten sie dich nun auch wieder nicht.

Denn eines Tages, wird das Leben weiter gehen,
so ganz ohne dich.
Doch für die, die dich wirklich liebten
irgendwie nicht.

PAPIER: Name

Wisst ihr:
Mein Name wird relativ oft falsch ausgesprochen.
Die Wahl fällt in der Regel initial nicht auf die ame-
rikanische – und damit eigentlich korrekte – Aus-
sprache, sondern die germanisierte Variante. Das ist
aber gar nicht schlimm. Ich korrigiere mein Gegen-
über meist gar nicht.

Wisst ihr:
Manchmal gehe ich sogar noch einen Schritt weiter
und stelle mich eigeninitiativ mit der eingedeutsch-
ten Variante vor. Man möchte schließlich nicht ne-
gativ auffallen. Auch wenn sich mir dabei förmlich
die Nackenhaare aufstellen.

Apropos Haare:
Meine Kopfhaare stimmen auch nicht so ganz.
Also setze ich gern das Glätteisen an, suche seidi-
gen Glanz. Glatt und schön, statt kraus, fast obszön.
Nicht exotisch und wild, sondern angepasst, still.

Apropos still:
Ich müsste auch stiller sein. Behände und leise, statt
stürmischer Reise durch Lieder und Töne, die von
Fremdheit erzählen. Keine Rufe von Trommeln, die
meine Zuhörer quälen. Sei leise, liebes Mädchen,
pass dich an den anderen Stimmen. Sonst erfüllst
du noch das Klischee vom „angry black woman".

Apropos woman:
An dir hängt recht viel Weiblichkeit. Die Kurzen zu rund, zu geformt und ausgeprägt. Also isst du nichts mehr, wirst dünner und dünner, bis die Weiblichkeit vergeht und die Gesellschaft um dich herum das Ausmaß deiner Weiblichkeit wieder verträgt.

Und du verträgst dich mit Sanftmut, mit Demut und du lachst. Doch dein Lachen lässt Lachen verstummen. Denn wenn du lachst, ist es etwas zu laut und zu schrill. Wenn du lachst, haust du deinem Gegenüber manchmal auf die Oberschenkel, denn du willst deine Freunde zum Ausdruck bringen. Weil in deinen Adern immer noch die Lieder deiner Vorfahren klingen.
Doch das wird in meinen hiesigen Kreisen nicht so wahrgenommen. Also unterdrücke ich die Lieder in meiner Brust.

Bin bedacht und angepasst und mache alles an mir formbar und weich. Im Laufe der Zeit verliert es sogar für mich an Seltsamkeit.
Ich beiße mir auf die Zähne, denn wo gehobelt wird fallen nun mal Späne.

Mein neues Ich entsteht immer mehr. Es ist bekömmlich, leicht verdaulich und etwas, das sehr nach gelungener Integration aussehen soll. Doch in meinem Bestreben, alles Fremdartige an mir zu umgehen, bin ich einen Schritt zu weit gegangen.

Aus Integration wurde Faszination, wurde Imitation, wurde Assimilation.

Plötzlich bin ich irgendwie gar nichts mehr. Für die Weißen noch zu schwarz, für die schwarzen viel zu weiß. Egal was ich tue, es hinkt jeglicher Vergleich. Ich werde besser darin, die neugieren Blicke der anderen zu ignorieren, weil neugierige Blicke schon seit dem Tag meiner Geburt meinen Alltag zieren.

Obwohl ich doch nun leiser lache und nicht mehr auf Oberschenkel haue! Obwohl ich täglich meine Fremdartigkeit verdaue und ausspucke und hinter mir lasse. Die Locken gezähmt und sich weitestgehend angepasst der breiten Masse. Immer darauf bedacht, meine Aussprache anzupassen.

Und warum? Aus Angst! Angst, verstoßen zu werden, wegen fremden Gebärden.
Weil ich fürchte, dass sonst der Tag kommt, an dem aus fehlender Integration erst Deklaration, dann Reklamation, dann Deportation wird.

Doch eines habe ich glücklicherweise inzwischen (wenigstens ein bisschen) begriffen:

Ich kann den Trommelklängen meines Herzens folgen und trotzdem dazu gehören. Ich kann fremdartig sein, ohne zu empören. Ich muss sogar!

Sonst wird keiner hinhören, wenn ich sage, dass jede*r es verdient, genauso akzeptiert zu werden wie dieser Mensch eben ist.

Dass der Wert eines Menschen sich nicht daran bemisst, wie er ist, wen er liebt, wie er lacht, wie er spricht.

Dass niemand sich von dem Maß an Weiblichkeit, welches an mir hängt, bedrängt fühlen sollte. Und wenn dies jemand trotzdem tut, dann, weil diese Person es einfach so wollte. Das ist dann einfach dessen Problem. Ich verdiene es trotzdem, genauso gesehen zu werden, wie ich eben bin.

Drum trage ich nun Haare wieder in voller Lockenpracht und wenn ich anderen (nach Konsens) auf die Oberschenkel haue, wird schallend gelacht.

Ich esse wieder mehr und erfreue mich sehr am Anblick des zunehmenden weiblichen Flairs.

Ich sage meinen Namen und spreche ihn direkt richtig aus. Nehme fragende Blicke dann gerne in Kauf. Selbst dann, wenn Gesichtszüge drohen zu entgleiten, rufe ich das Trommeln in meiner Brust auf und sage: „An der Aussprache müssen Sie aber noch arbeiten."

GLITZER: Spiel

Guten Morgen, liebe Klasse.
Ihr habt euch wirklich gut benommen.
Dafür sollt ihr was bekommen.
Ihr verdient euch eine Rast,
drum Ohren gespitzt und aufgepasst.

Wir spielen ein Spiel.
Wie es geht?
Ganz einfach:
Kommando flach,
Kommando hoch,
Kommando Pimperle,
Kommando flach.
Das macht ihr gut, weiter so!
Kommando hoch,
Kommando Pimperle,
Kommando flach.

Sieh mal an.
Schaut an mein Werk.
Das klappt doch gut.
Aufs Wort ihr hört.
Ganz genau so, wie es sich gehört.
Das was ich sag,
das ist Gesetz
eins, zwei, drei, vier, schaut her zu mir.
Doch sag ich flach gilt für euch hier,
zu erstarren und einzufrieren.

Ihr Kinderlein lieb,
seid fein und brav.
Seid artig und agiert stets mit Gemach.
Bewegt euch nur wenn ich es sag.
In Reih und Glied den ganzen Tag.

In Schule still mit erhobener Hand
malen wir Bilder, doch nie über den Rand.
Bleiben stets den Linien treu,
fügen uns ein in den Konvoi.
Damit unsere Kunst konform erstrahlt,
wird in Kunst ausschließlich nach Zahlen gemalt.

Was? Wie? Du sagst das sei ein Widerspruch?
Kunst einzuschränken, sei doch verrückt.
Naja: Ich mache Poetry Slam.
Wöchentlich wird meine Kunst gewertet
und anschließend mit Zahlen bewertet.

Nein, du bist es, der irre ist.
Du bist es, der scheinbar vergisst,
woran das Leben sich bemisst.
Kreativität ist im Alltag verkehrt,
angepasstes Verhalten wird begehrt.
Unangepassten der Zugang dagegen verwehrt.

Ob nun trans, schwul, lesbisch oder bi,
ob Punk, Migrant, Flüchtling, verkapptes Genie,
ob Autismus, ADHS, Dyskalkulie oder Vegan,
ob Bürgergeld, Eurythmie-Student oder arm.

Wer sich nicht einreiht, hat selten eine Chance.
Dafür fehlt unserer Gesellschaft jegliche Balance.
Die Balance
zwischen Gleichheit und Individualität.
Das Gleichgewicht
zwischen Assimilation und Authentizität.

Wer nun glaubt, das stimme doch gar nicht,
schau sich doch mal um am Schulschreibtisch.
Da tickt eine Uhr über der Schulklassentür.
Durch das Ticken kriegt ein Kind
kaum Worte aufs Papier.
Dieses Kind hat ADHS, kann also wenig dafür.
Das Kind gibt sein Bestes,
doch kann trotzdem nur verlieren,
denn wer Leistung
nicht unter Druck abrufen kann,
kriegt trotzdem höchstens eine vier.

Ob nun ohne Diagnose oder mit,
unser Schulsystem interessiert das nicht.
Dieses Kind bräuchte nicht viel,
um seine Leistung abzurufen,
wäre vom Intellekt sicherlich zu Höherem berufen.
Bräuchte lediglich
leicht angepasste Klausurmodule,
bekommt stattdessen
aber die Empfehlung für eine Förderschule.
Doch halt! Warum bis zur Einschulung warten?
Konformität beginnt schon im Kindergarten.

Fröhlich im Morgenkreis versammelt,
wird kleinen Menschlein
von Selbstständigkeit vorgestammelt:
„Kind, du hast so viel Potential, bist noch so jung,
sei eigeninitiativ und habe Mumm.
Sag was du denkst und sei niemals stumm."
Doch Achtung:
Dreht euch jetzt nicht um,
denn der Plumpsack geht um.
Wer sich umdreht oder lacht
kriegt den Buckel vollgemacht!

Ihr könnt mir stundenlang erzählen, Individualität
wäre in unserer Gesellschaft erwünscht.
Ich sehe doch, wie die Mehrheit die Nase rümpft,
wenn ich offen über meine
gegenteiligen Meinungen spreche
und diese nicht still und heimlich verstecke.

In dieser Welt ist nicht jeder gleich.
Doch, wenn wir so weiter machen,
wird es bald so sein.
Doch wir Menschen
werden in dieser Welt nicht alle erfolgreich
und leistungsfähig sein,
sondern ausgebrannt, depressiv
und furchtbar allein.

Allein, weil Solidarität nur dann etwas zählt,
wenn man den Weg geringsten Widerstands wählt.

Ein kleines Haus, ein Ehering
und zweikommafünf brave Kinder.
Wenn du das alles hast,
brauchst du wenigstens kein Tinder.
Mache den Abschluss,
verdiene das Geld,
sage brav „Ja" zu deinem Chef,
damit er endlich seine blöde Klappe hält.

Hör nie auf mitzugehen
in dem Hamsterrad des Lebens.
Rücken gerade, Blick nach vorne,
hetzen, rennen, anspornen.
Gehe mit dem neusten Hype,
auch noch dann, wenn die Seele schreit!
Blicke nie zurück,
denn da vorne ist das Glück.

In Erinnerungen zu schwelgen,
kostet wertvolle Zeit.
Mittlerweile wissen wir:
Wichtig ist nur noch Zeit!
Zeit ist wertvoll. Zeit ist Geld.
Wer hat hier etwas Zeit bestellt?

Auch mir fehlt fürs Träumen jegliche Zeit.
Darum schreibe ich mir die Seele aus dem Leib.
Wer weiß: Vielleicht liest das jemand
und wird es dann wagen,
seine eigenen Denkmuster zu hinterfragen.

Mach ruhig mit beim Spiel des Lebens,
das Spiel des Nehmens, Gebens, Strebens.
Solange du dabei nicht vergisst,
dass die erste Antwort nicht immer die richtige ist.

Trau dich also bei der nächsten Runde.
Nutze ruhig die Gunst der Stunde und
stecke zur Not den Finger direkt rein
in die Wunde.

Sage:
Kommando flach,
Kommando hoch,
Kommando Pimperle.

Kommando nein,
Kommando mein,
Kommando
dieses Leben
ist dein.

BLUMEN: Zeit

Manchmal bin ich sehr intelligent und bedacht.
Manchmal frage ich meinen Friseur beim Smalltalk
was er „eigentlich so beruflich macht?".

Es gibt so viele Momente, in denen ich mich frage:
Bin ich doof?
Oder einfach nur bequem?
Diese Frage kommt oft auf,
wenn Gespräche sich um bekannte Zitate drehen.

Zitate, wie das Folgende:
Die Zeit ist relativ.
Das hat schon Albert Einstein gesagt.
Habe ich schon voll oft gehört,
aber nie die Bedeutung hinterfragt.

Wenn ich aber im Gespräch mit Menschen,
deren Intellekt meinen bei Weitem übersteigt,
betroffen feststellen muss,
dass ich echt wenig von der Welt weiß,
(woraufhin mein Gegenüber
komischerweise nur vielsagend schweigt),

dann denke ich mir:
Komm, gib dir einen Ruck!
Steck endlich deine Bequemlichkeit zurück!
Informiere dich mal anständig über
das Geschehen auf dieser Erdkugel.

Du musst dazu nicht mal in die Bibliothek.
Gibt ja Google.
Dort suche ich also nach der Relativitätstheorie.
Was ich dort lese … verstehe ich nicht.
Also ergänze ich meine Suche
und tippe in die Suchleiste:
Relativitätstheorie, Erklärung, schlicht.
Auch diese Ergebnisse
bleiben meinem Verständnis verwehrt.
Darum Google ich nun:
Relativitätstheorie, für Kinder erklärt.
Es wird ja bekanntlich das gut, was lange währt.

Jedenfalls ist es wohl so:
Wenn wir irgendwo hin navigieren,
ist die Hinfahrt immer nur gefühlt
länger als der Schluss,
da unser Gehirn sich auf der Hinfahrt
so viele neue Informationen merken
und diese verarbeiten muss.
Auf der Rückfahrt hingegen muss unser Kopf nicht
mehr so viel arbeiten,
weshalb es wir dann lediglich glauben,
viel schneller nach Hause zu gleiten.

Das, meine sehr verehrte Leserschaft,
ist auch der Grund,
weshalb der durchschnittliche Erwachsene glaubt,
er werde von Jahr zu Jahr immer schneller
seiner Lebenszeit beraubt!

Wow!
Endlich löst sich der allgemeine Frust!
Wobei …
Bestimmt habt ihr das alle schon längst gewusst.

Nun denn,
mir kommt aber jedenfalls eine Idee,
jetzt, da ich das Ganze (einigermaßen) versteh'.
Etwas, das man tun kann,
um mehr vom Leben zu haben.
Um sich von dieser ständigen Angst,
nicht genug Zeit zu haben,
komplett loszusagen.

Einfach Kinder bekommen.
Dann ist man sehr plötzlich
im Hier und Jetzt angekommen.
Wenn man dieses winzige Menschlein hält
und unendliche, gar unbeschreibliche
Liebe im Herzen schwellt,
dann scheint die Zeit irgendwie stillzustehen.
Nur noch ganz ganz laaaaangsam voranzugehen.

Denn dieses Menschlein wächst
langsam aber sicher auf.
Es gibt so viele Momente,
in denen ich mich als Mutter verlauf'.
Langsam beginnt dieses Kind, Fragen zu stellen.
Plötzlich ist man konfrontiert
mit einem kleinen Rebellen.

Jemand, der nichts
– aber auch gar nichts –
akzeptiert, was man sagt.
Dafür im Gegenzug alles
– wirklich alles –
hinterfragt.

Doch ich glaube, endlich verstehe ich sie,
diese sogenannte Relativitätstheorie,
die besagt, dass zwei, drei oder auch fünf Minuten
nicht für jeden gleich sind.

Denn nichts erregt mein Gemüt so geschwind,
keine Zeit erstreckt sich hingegen so langsam,
so unendlich grauenvoll,
wie die Minuten am Morgen,
in denen mein Kind einfach nur
seine Schuhe anziehen soll.

Schuhe anziehen und in die Kita gehen.
Etwas das wir nun wirklich jeden Tag tun.
Doch mein Kind kann
– oder möchte –
es nicht verstehen.
Denkt, dies wäre der perfekte Zeitpunkt,
um sich auszuruhen.
Sich auszuruhen von den Strapazen
seiner morgendlichen Routine,
die ausschließlich daraus besteht,
dass ich ihn von vorn bis hinten bediene.

Ihn umziehe, ihn wasche, ihm die Zähne putze,
dabei aber seinen gesamten Tag ruiniere,
denn er wollte, dass ich die blaue
anstatt der roten Zahnbürste benutze.

Und so zieht sich langsam der Morgen,
getrieben von Diskussionen,
Kummer und Sorgen,
während dieses Menschlein,
(subjektiv empfunden
plötzlich gar nicht mehr so klein)
mich beschimpft und sich weigert,
ins Auto einzusteigen.
Da muss ich ziemlich zusammenreißen
nicht laut loszuschreien,
doch ich reiße mich zusammen,
denn ich weiß, er würde weinen,
und er ist doch noch so unglaublich klein.

ALSO ATME ICH GANZ RUHIG
EINMAL TIEF AUS UND WIEDER EIN.

An der Kita angekommen,
sage ich auf Wiedersehen.
Trotz des schwierigen Morgens
möchte dieses Menschlein
nun gar nicht mehr gehen.
Wir umarmen und küssen uns,
alles ist nicht langsam, sondern sofort
vergeben und vergessen.

Denn am Ende des Tages
sind wir beide total auf einander versessen.
Ich nehme ihn hoch, schaue in große braune
Augen, die mir so bekannt vorkommen
und ich verspreche mir selbst:
Morgen früh mache ich es besser.
Morgen früh bleibe ich ruhig und besonnen.

Und die berühmte Moral von der Geschicht'?
(Achtung, Spoileralarm)
Am nächsten Morgen …
klappt es
auch wieder nicht.

Trotzdem ist vielleicht was dran
an dieser Analogie,
an der Sache mit der Relativitätstheorie.
Denn auch wenn ich nicht auf jede Frage
die richtige Antwort kenne
und manchmal mein Leben ein wenig verpenne,
bin ich für dieses Menschlein auch in meiner
Unvollkommenheit trotzdem ein Held.
Das ist für mich das wertvollste Wissen
in meiner kleinen großen Welt.

GLITZER: Winter

Der Winter naht!
Bald ist es soweit.
Es kommt die Zeit
des Wechsels von Sommer- auf Winterräder,
von laufenden Nasen meiner beiden Schulkinder,
Wick Vaporub und Erkältungsbädern.

Zeit für helle Weihnachtslichter,
die herrlich blinken.
Zeit für Adventsfeiern
und gemeinsames Glühweintrinken.
Zeit der Nebelschwade am Morgen,
die mir bei der Arbeitsfahrt die Sicht nimmt.
Zeit der grauverhangenen Wolkendecke,
welche Schneetreiben verspricht.

Wäre da nicht …
… die Verbrennung fossiler Energieträger,
… die zunehmende Entwaldung
… und die Intensivierung der Viehzucht.

Der erhoffte Schnee bleibt auch dieses Jahr aus.
Wen interessiert's schon? Bald kommt Nikolaus!

Wir atmen tief ein,
einmal wieder aus.
Alles ist fein, es gibt gar keinen Grund,
besonders besorgt zu sein.

Mit Geduld und Spucke
renkt sich das alles wieder ein.
Denn auch wenn:
"Its the end of the world as we know it,
I feel fine!".
Shh, shh, schweig, schweig,
mach diese innere Stimme wieder klein, klein.
Wir schauen stets nach vorne,
bleiben besonnen und positiv.
Streben stets nach dem,
was sich uns gerade ergibt.

Bald schon ist Silvester!
Zeit für Jubel und für Ektase!
Ein Jahr ist geschafft, ein neues bricht heran.
Die Sorgen von gestern
für morgen sodann verbannt

10 – 9 – 8 – 7 – 6
Der ständige Blick aufs Smartphone
schon weit mehr als nur Reflex.
5 – 4 – 3 – 2
All die schlechten Nachrichten,
die ich dort vernehme, sind mir doch einerlei,
ist sowieso nur übertriebener Hype,
wird einfach weggeswipt.
1 – 0
Happy New Year!
Komm, ich gönn mir noch einen Wodka
mit Red Bull.

Ein bisschen Schampus, nach dem Suff
noch einen Döner.
Man gönnt sich ja sonst nichts,
der macht auch bekanntlich schöner.
Schöner, so wie meine kleine Welt,
in der alles genauso ist,
wie es auf Instagram scheint.
In der Liebe und Frieden in Seligkeit sind vereint.

Wo Massenmord und schmelzende Gletscher
mir nichts anhaben können,
hier kann mir gar nicht passieren.
Egal, ob irgendwo auf der anderen Seite der Erde
Menschen sich radikalisieren.
Das hat mit mir recht wenig zu tun.
Zeit nach Hause zu gehen
und sich von den Strapazen
meiner ausgelassenen Feierei auszuruhen.
Denn im Grunde ist das alles
gar nicht so schlimm wie es scheint,
schließlich wird nie so heiß gegessen wie gekocht.
… habt ihr eigentlich schonmal gesehen, wie schnell
aufgewärmte Milch überkocht?
Da reicht es nur für eine Minute wegzusehen.
Nur eine Minute lang nicht mehr wahrzunehmen
wie es dort im Kochtopf brodelt.

Während in Stadtschaufenstern Advent einkehrt
wird anderswo Menschen jegliche Form
von Menschlichkeit verwehrt.

Merkt denn niemand, dass es schon lange brennt?
Der Rauchermelder schlägt schon lange Alarm!
Es ist längst 5, nein 10, ach 20 nach zwölf.
Da hilft auch kein scheiß Elf on the Shelf.

Jeden Tag werden Menschen ihre Häuser entrissen
und ihres Lebens beraubt und auf der anderen Seite
der Welt immer noch Wolkenschlösser aus rosafar-
bener Zuckerwatte gebaut.
So viel Hass, auch bei uns,
wegen Oberflächlichkeiten
Wir können uns schon lange nicht mehr leisten, un-
sere Probleme wegzuswipen.

Wenn du nicht hinsiehst,
wenn du nicht laut wirst und schreist
gibt es bald vielleicht keine Möglichkeit mehr sich
beim Glühweintrinken zu vereinen.
Keine Nebelschwade am Morgen,
stattdessen Abgasschwaden und Zukunftssorgen.

Keinen Döner nach dem Suff.
Keine kulinarischen Weltreisen, denn du musst
dich dann mit regionalen Köstlichkeiten begnügen.
Weil man dir vielleicht verbietet, dich mit Produk-
ten anderer Nationalen zu vergnügen.
Weil andere dir dann vorkauen werden,
wie du zu leben und zu denken hast.
Weil du gar nichts mehr zu sagen haben wirst,
wenn ein Faschist das Sagen hat.

BLUMEN: Stern

Schau mal nach oben.
Siehst du es auch?
Ein kleiner Stern, so weit geflogen.
Wir erblicken von ihm nur einen Hauch.

Ein winziger Punkt, leicht flackernd und hell,
mal von Wolken verhangen, mal deutlich und grell.
So unglaublich weit entfernt
und scheint doch so nah.
Obwohl vielleicht längst erloschen,
der Anblick noch klar.

Denn das Licht eines Sterns
ist meist dann noch zu sehen,
wenn diese längst bereit sind zu gehen.
Schließlich braucht es im Schnitt
2,4 Milliarden Lichtjahre,
ehe dieses Licht unser Auge trifft.

Wir sehen einen Stern,
obwohl es ihn vielleicht schon gar nicht mehr gibt.
Im Grunde ist auch jeder Mensch
bloß ein kleiner Stern.
Bloß Teil eines großen Ganzen,
mit dem Wunsch, sich zu vermehren,
mit dem Wunsch, etwas von sich zu hinterlassen.
Sich während seines Aufenthalts mit der Frage
nach dem Sinn zu befassen.

Was ist denn der Sinn?
Warum sind wir hier?
Wir leben, arbeiten, streiten und lieben,
stellen vielleicht zu selten die Frage
nach dem „Wofür".
Wenn alles im Leben temporär ist,
wenn jedes Licht eines Tages erlischt,
woran bemisst sich dann unser Wert?

Das erkennen wir am besten,
wenn wir einen Schritt zurücktreten.
Wenn wir unser Ego hinter uns lassen
und bewusst wahrnehmen,
wie klein so ein Stern im großen Ganzen ist.
So klein, nur einer von vielen,
sodass man leicht vergisst,
dass es nicht darauf ankommt,
perfekt zu sein.
Nicht darauf ankommt,
immer den Schein zu wahren.
Nicht darauf ankommt,
jeden Cent zu sparen.
Nicht darauf ankommt,
stets die Fassung zu bewahren,
während wir die unklaren Wege
des Lebens befahren.

Wir versuchen klug zu sein,
informiert zu sein,
geradlinig und flexibel.

Bleiben dabei aber geduldig,
dankbar und sensibel.
Sind sportlich und nicht zu dick,
aber auch nicht zu dünn
und essen unser Gemüse.
Orientieren uns dabei stets
an der neusten gesundheitlichen Analyse.
Keine Pestizide, keine BPA,
auch Konservierungsstoffe sind nicht sinnvoll.
Beim Blick ins Supermarktregal frage ich mich,
was ich überhaupt noch kaufen soll.

Wir sind fröhlich aber seriös,
diszipliniert und zugleich lebhaft.
Sind produktive Mitbürger*innen
und starke Pfeiler der Gesellschaft.
Wir erziehen unsere Kinder,
indem wir sie fördern und fordern.
Doch nicht zu viel,
aber auch nicht zu wenig ,
schließlich dürfen wir sie nicht beordern.

Sei fleißig und emsig und schön und schlau
und dazu am besten noch gut gebaut.
Teile deine Meinung,
aber sei dabei bitte
weder zu leise noch zu laut.
All das und noch viel mehr sollen,
können und müssen wir sein.
Mach dir daraus doch bitte mal einen Reim.

Doch ein Stern versucht nicht perfekt zu sein.
Ein Stern versucht eigentlich gar nichts,
außer zu sein.

Sein Licht leuchtet und leuchtet
und leuchtet noch mehr,
so hell, so rein und so sehr,
dass sein Licht nach Milliarden von Jahren
noch strahlt.
Noch lange nach seinem Tod
funkelnde Bilder im Himmelszelt malt.

Warum also erscheint deine Angst so groß?
Wo doch auch du bist so klein.
Das Leben ist ein kurzer Augenblick bloß.
Viel zu kurz, um gebrochen zu sein.

Wir sind alle Sterne,
kleine Lichter in der Finsterkeit.
Sind hier, um fortzubestehen,
um zu verweilen in jeder Gelegenheit,
bis es an der Zeit ist,
zum Ursprung zurückzugehen.

Und wenn du eines Tages gehst,
dann wünsche ich dir,
dass du zurückblickst und sagst:
Da ist noch so viel von mir!
Erinnerungen, die niemals sterben.
Andenken, die keinesfalls verderben.

Wenn du deinem Ende entgegenblickst,
wünsche ich dir, dass du nicht weinst,
sondern lachst, weil du sicher bist
gelebt zu haben in allen Zügen,
ohne Hass, Bitterkeit und ohne Lügen.

Ich wünsche dir, dass du am Ende deiner Tage
zurückblickst auf deine Zeit mit einem Lächeln
und ohne Klage.
Mit Freude im Herzen
und einem Gefühl von:

„Ja, ich habe es geschafft!
Habe gelebt, gelacht, getanzt und
wenn vielleicht auch nicht alles richtig gemacht,
trotzdem eine verdammt geile Zeit gehabt!"

Dann wird auch das Licht
deines Sterns weiter erstrahlen.
Wird Muster im Himmel der Herzen
deiner Liebsten malen.
Über Jahrzehnte hinweg,
auch wenn du längst fort bist.
Denn du hinterlässt auf ewig
dein besonderes Licht.

PAPIER: Blumen

Oma Hannelore hat morgen Geburtstag.
Sie wird stolze 86 Jahre alt
und hat eigentlich keine Wünsche mehr.
Das meiste hat sie schon gesehen,
ihr ein authentisches Lächeln zu entlocken,
ist mittlerweile schwer.

Was schenke ich ihr nur?

Was schenkt man einer Frau,
die unermessliches Leid
und euphorische Freude kennt?
Einer Frau, die damals
beim Luftangriff der Alliierten
anstatt in Panik auszubrechen,
einfach mitsamt ihrem Teddybären
und der Gutenachtgeschichte
in den Luftschutzbunker rennt?

Die Kinder geboren und Kinder begraben hat.
Die von Krankheit gezeichnet
zweimal selbst dem Tode entronnen ist,
wenn auch nur knapp.
Die die Spuren ihres Eifers, ihres Kummers,
ihrer Lehren
an den Händen trägt,
wie die Spuren der Wellen im Sand,
die immer wieder zum Meer zurückkehren.

Jede Idee, die aufflammt,
verwerfe ich sofort wieder.
Kein Tablet oder Smartphone vermag
jemandem ihres Kalibers
mehr als ein mitleidiges Lächeln zu entlocken.
Dieses Lächeln, mitleidig und unsicher zugleich,
mittlerweile ist es eine Rarität.
Denn meine Oma lebt in einer Welt,
die sie einfach nicht mehr versteht.

Eine Welt,
die nun nach ganz anderen Regeln spielt.
Die Hannelore einerseits
fast schon morbid fasziniert,
aber auch sehr aufwühlt.
Denn wenn unsereins sich in einem Gespräch nach
gegenseitigem Verständnis sehnt,
pflichten wir unserem Gegenüber
nicht mehr höflich bei,
sondern rufen sowas wie:
„Oh my god, same!"

Diese Welt ist ihr zu laut, zu bunt und zu schrill.
Meine Oma ist eine Frau, die nur noch eines will:
Ihre Ruhe.
Vielleicht noch eine schöne Blume.
Ich möchte ihr eine besondere Freude machen.
Also gehe ich zum Acker,
um selbst welche zu pflücken.
Vielleicht bringe ich sie damit endlich zum Lachen.

Ich stehe am Rand des Feldes und höre im Geiste,
wie Hannelore mich ermahnt:

Kind, nimm nur die schönen Blumen!
Nur die farbenfrohen, prachtvollen Blüten.
Nicht die, die schon so lange
schutzlos in der Sonne brüten.
Die, die nicht makellos sind
oder denen einige Blätter fehlen,
die haben keinen Platz in meinem Strauß,
die darfst du nicht wählen!

Die Auswahl fällt mir nun gar nicht mehr so leicht.
Auf diesem Feld schien in letzter Zeit
die Sonne wohl ziemlich heiß.
Es gibt nur sehr wenige, die keine Macken haben,
die nicht die Spuren der Witterungsbedingungen
und der mangelnden Pflege tragen.

Zum Glück hält sich hier
aber die Auswahl in Grenzen.
Auf der einen Seite des Feldes blühen Tulpen,
auf der anderen Narzissen.
Ich gebe mir Mühe,
bei der Auswahl alles richtig zu machen.
Suche die Besten heraus
und übersehe dabei die Schwachen.

Doch in diesem Feld voller Tulpen und Narzissen
blüht eine Pfingstrose.

Ihre Blüten sind matt
und die Blätter hängen schon herab.
Ich kann der Versuchung, sie mitzunehmen,
trotzdem nicht wiederstehen.
Oma Hannelore kann ich sie nicht geben,
doch vielleicht kann ich sie zuhause
wieder einpflanzen und pflegen.
Sie mit Wasser, Dünger und Liebe versorgen
und neu beleben.

Am nächsten Morgen ist es soweit.
Im Wohnzimmer meiner Tante Emilie haben sich
alle eingefunden
und machen sich bereit,
86 Jahre angemessen zu würdigen.
Neben Tante Emilie sind da noch
Cousin Gustav
und Karlheinz,
Mama Maria
und natürlich Onkel Jürgen.
Zwischen all dem … weiß … sitze ich.
Mit meinem Gemisch
aus deutscher und afrikanischer DNA
bin ich eigentlich
niemandem ähnlich.

Der Geburtstagtisch ist liebevoll
mit roter Tischdecke und Kerzen gedeckt.
Der Kaffee dampft heiß, der Kuchen schmeckt.
Eigentlich ist alles perfekt.

Eines trübt die Stimmung nur.
Oma Hannelore stellt sich seit einiger Zeit stur.
Denn sie ist doch sehr darüber erregt,
dass ihre neue Pflegekraft ein Kopftuch trägt.

Mama Maria nimmt mich zur Seite
und flüstert mir ins Ohr:
„Das ist so anders, das ist ihr fremd.
Oma versteht nicht mehr die Dinge,
die sie nicht kennt.
Sage nichts,
lass es bitte gut sein, mein Kind."
Ich beiße mir auf die Zunge, bis es brennt.

Wenig später ruft mich Oma herbei.
Ich überreiche ihr den gepflückten Strauß.
Auch die Pfingstrose habe ich noch mit dabei.
Anstatt diese Rose
wie geplant mit nach Hause zu nehmen,
steckte ich sie mitten in die Tulpen.

Oma ist irritiert, kann das gar nicht verstehen:
Kind, das passt doch gar nicht dazu?
„Tja, Omi", sage ich unter den skeptischen Blicken
meiner restlichen Familie,
„wenn man sich im Raum umsieht,
habe auch ich hier nichts zu suchen,
so zwischen dir, Jürgen, Gustav, Karlheinz,
Maria und Emilie.
Egal: Möchtest du noch ein Stückchen Kuchen?"

Oma schaut mir tief in die Augen
Mit einem Blick, den ich nicht deuten kann.
Mich überkommt ein schlechtes Gewissen
und erdrückt mich mit seinem Gewicht.
Bis Hannelore sich plötzlich wegdreht
und locker über ihre Schulter spricht:
„Ach Kind, komm lass,
nimm die Rose nicht raus.
Sie hat auch noch Platz in dem Blumenstrauß."
Die Familie atmet erleichtert aus!
Statt Streit folgt nun Heiterkeit,
Happy Birthday, Gesang und Applaus.

Vielleicht machen wir es uns manchmal
einfach zu leicht.
Mit nicht zu Ende gedachten Worten à la:
„Mir hat das doch auch nicht geschadet" und
„Das haben wir schon immer so gemacht".

Vielleicht ist es dringend an der Zeit,
dass wir damit aufhören, anderen Menschen
unsere eigene Lebenswirklichkeit aufzuzwingen.
Vielleicht ist die Zeit gekommen,
in der wir einander stattdessen etwas beibringen.

Zeit zu lernen, dass:
„Ach, Sie sprechen aber gut Deutsch",
für jemanden wie mich kein Kompliment ist.
Denn es ist nun wirklich keine große Leistung,
wenn jemand seine Muttersprache gut spricht.

Wer sich nun angegriffen fühlt,
weil dies ja bloß ein Kompliment sei,
sollte sich fragen, ob es denn ihm selbst einerlei
wäre, wenn man immer wieder vor Augen geführt
bekommt,
dass man nicht dazu gehört.
Wenn man einfach immer wieder so deutlich spürt,
dass die Gesellschaft einen als fremd wahrnimmt.
Obwohl alles in mir deutscher als Deutsch ist.

Wir beobachten seit Jahrzehnten den Zerfall
einer Gesellschaft,
die sich über Zugehörigkeiten eschauffiert,
dabei ist das alles nichts anderes als
ein geografischer Zufall.

Das hat es alles schon gegeben.
Oma Hannelore hat es selbst schon gesehen
und kennt die Konsequenzen genau.
Genau das gleiche, doch dieses Mal nicht in Grün,
sondern in alternativem Blau.

Wir schreien es schon seit Jahren.
Die woken, die progressiven,
die, die da sind links-grün-versifft
In der Hoffnung,
dass die Message endlich den richtigen trifft.

Wir sind alle gleich!

Unter unserer Haut sind wir alle gleich!

Im Herzen sind wir alle gleich!

Hört doch endlich zu!
Manchmal braucht es gar nicht viel dazu.
Nur zwei paar offene Ohren und ein offenes Herz.
Auch wenn das Gehör
im Alter manchmal abnimmt,
das Herz ist für die meisten
optischen Nebensächlichkeiten
auch im Alter blind.
Wenn man kurz innehält
und sich darauf besinnt.

Es ging in diesem Text nie um Tulpen.
Auch nicht um Narzissen.
Vielmehr um das Davor, das Danach
und alles dazwischen.

Im Endeffekt hätte es all diese Worte
doch gar nicht gebraucht.
Unterm Strich zählt nur eines:

Du bist ein Mensch.

Ich bin es auch.

GLITZER: Nichts

Manchmal vergesse ich zu fühlen.

Ich wache auf,
ich gehe raus,
ich gehe immer weiter gerade aus,
doch ich sehe nicht.
Nicht wirklich.
Ich sehe kein Licht.
Kein Ende, das Hoffnung
auf Besserung verspricht.

Ich agiere,
funktioniere,
fluktuiere
und komme klar.
Ich bin hier,
doch eigentlich
nicht.
Bin gar nicht richtig da.

Mein Kopf ist ein leeres Gefäß
voll mit
Nichts
bis zum Rand.
Da ist so viel von diesem
Nichts,
dieses Nichts
bringt mich um den Verstand.

Ich will fühlen!

Also suche ich.
Ich suche und suche und suche noch mehr.
Gehe tief bis ins Innere,
ich will das so sehr.

Doch wenn ich zu tief gehe,
dann komme ich da vielleicht nie wieder heraus.
Wenn ich zu tief gehe,
dann ist es aus.
Dann werde ich schreien und weinen und heulen
und dann, dann bin ich zu weit gegangen.
Dann stehe ich am Rand.

Am Rand des verlorenen, genommenen,
mir geraubten Glücks.
Die Freude, die du mir aus dem Strauß
meiner Jugend hast gepflückt,
mit Gewalt dir genommen,
es war dir vollkommen
egal.
Dann stehe ich da und habe eine Wahl.

Ich kann auf die Knie fallen
und den Himmel anbrüllen.
Kann mir die Haare ausreißen
und all die Dunkelheit fühlen.
Fühle Übelkeit im Bauch
und die Schreie unter meiner Haut,

die hervorsprießen
wie zu lang eingewachsene Haare,
entzündet und viel zu lang ignoriert,
viel zu lang so getan als wäre da
nichts.

Dabei ist da ja
Nichts!
Ein alles umfassendes,
betäubendes,
lähmendes,
quälendes,
Nichts.

Doch sie sagen:

Komm hab dich nicht so.
So schlimm war es ja nicht.
Du bist ja noch hier.
Sei doch mal dankbar dafür,
dass es nur das war
und nichts Schlimmeres geschah.

Du zuckst mit den Schultern und lächelst es weg.
Ich lächele mit.
So als hättest du nicht den Schmerz wiedererweckt.
Als hättest du nicht mit Worten
alte Wunden gestreift,
Wunden, die über die Jahre zu Narben gereift,
mich als Schatten meiner selbst hinterlassen.

Betäubt, gelähmt, im wahrsten Sinne des Wortes
an so vielen Tagen vollkommen unfähig,
mich aus dem Bett zu bewegen.
Unfähig, mich mit meinen Gefühlen zu befassen.

Denn ich habe vergessen, wie man fühlt.
Ich weiß aber noch genau, wie man so tut.

So tut, als wäre alles wunderbar.
Wie es mir geht?
Na bestens, vollkommen klar.
Ich bleibe immer am Ball.
Bin produktiv, progressiv, modern und gescheit.
Voll informiert und
immer am Puls der Zeit.
Mein Lächeln ist klar und lieblich und breit,
ich bin up-to-date und weiß bestens Bescheid.
Bin allzeit bereit.
Bin fleißig und emsig und arbeite gern.
Noch ein Auftrag?
Klar, immer her damit.
Ich mach es ja gern.

Denn Arbeit nimmt mir jegliche Zeit.
Zeit, die ich auch nicht haben will.
Zeit, von der trotzdem zu viel verbleibt.
Zeit, in der ich anfange zu denken.

Ich will nicht denken!
Ich will einfach nur sein.

Wenn ich einfach nur sein kann,
dann muss ich nicht fühlen.

Denn fühlen
tut weh.

Wenn ich fühlen muss,
dann kann ich plötzlich
wieder sehen.

Dann sehe ich zu klar.
Dann kriecht die Dunkelheit aus den Ecken
wieder in die Mitte des Bildes
und kriecht mir ins Mark.
Dann ertönen die Schreie
meines Bauches wieder betäubend im Ohr.
So verdammt laut,
dass ich mich umschaue und frage,
ob ihr sie auch hört?

Also nehme ich die Schreie in meine Hand.
Quetsche sie mit Gewalt in eine Schublade.
Da werden sie verbannt und eingesperrt
und zerstört,
so lange eingeschlossen
bis es endlich aufhört.

Die innere Stimme,
die schreit
und SCHREIT.

Wird mundtot gemacht.
Wird solange in den Boden getreten,
bis sie endlich wieder sorglos lacht.

Dann ist es endlich wieder still um mich.
Dann kann ich wieder vergessen.
Dann sehe ich
zwar immer noch kein Licht,
aber wenigstens verlier ich mich wieder
im betäubenden
Nichts.

Auch wenn das natürlich keine Dauerlösung ist.

Irgendwann muss ich mich
meinen Dämonen stellen.
Mich mit Schwert und Schild bewaffnen,
doch die Gegner kommen in Wellen.
Wellen, gegen die ich noch machtlos bin.

Aber irgendwann
werde ich damit beginnen.
Irgendwann
krieg ich das schon hin.

Natürlich nicht heute.
Vielleicht
auch nicht morgen.
Vielleicht
trage ich auch auf ewig diese Sorgen.

Wenn ich aber bald wieder am Rande stehe,
hoffe ich, dass ich genug Mut habe,
um den richtigen Schritt zu gehen.
Den Schritt, nicht hinab,
sondern zurück auf den richtigen Weg.

Den Weg
weg vom Nichts,
weg von Schreien und Schmerz.
Weg vom zu jung geraubten Glück
und einem blutenden Herz.

Aufwärts!
Richtung Heilung und Liebe und Freud'.
Aufwärts!
Richtung allem, was ich mir als naives,
unberührtes Mädchen habe erträumt.
Ein Mädchen, das einfach noch nicht
genug verstand von der Welt.
Sich im Laufe der Jahre viel zu selten
ihren Dämonen gestellt.

Aber all das passiert wie gesagt
irgendwann.

Bis dahin genieße ich das süße Gewicht
des allumfassenden,
betäubenden,
lähmenden …

BLUMEN: Hass

Kennt ihr diese Tage, an denen sich euer innerer
Monolog ungefähr so anhört:

Hass! Wut! Verachtung! Groll!
Ausnahmslos jeder Mensch ist in meinen Augen ein
entsetzlicher, bemitleidenswerter Troll!

Ich bin so unglaublich sauer.
Ihr seid alle so unfassbar inkompetent.
Am liebsten möchte ich eine Mauer.
Eine, die mich von eurer Inkompetenz abtrennt.
Ich kann euch alle nicht mehr sehen.
Lacht nicht:
Der Magen will sich bei eurem Anblick umdrehen.

Alle Menschen gehen mir so auf die Nerven.
Wäre die Erde doch nur flach!
Dann könnte ich einfach jeden über
die Kante der Erde werfen.
Im hohen Bogen – Juhu! – geht hinfort.
Nein, wehrt euch nicht dagegen!
Mit keinem einzigen Wort!
Fliegt einfach dahin.
Dann hätte mein Dasein wieder einen Sinn.

Dann hätte ich endlich meine Ruhe
Dann müsste ich endlich nicht mehr so tun
als könnte ich euch … leiden.

Eine glatte Lüge!
Die gilt es heute
unter allen Umständen zu vermeiden.

Ich will nur noch weg hier.
Will hier raus.
Alles und jeder ist ätzend.
Mir ist alles ein Graus.
Da ist so viel Hass und Groll
und eine schier endlose Wut.
Heute lasse ich sie raus!
Wie eine Flut!
Sie soll euch alle weit hinfort tragen.
Weg von mir.
Dann muss ich das alles nicht mehr ertragen.

Mein Hass ist so übermächtig und riesengroß.
Was ist denn eigentlich mit mir los?!
Meine Hände, sie zittern,
mein Herz pocht wie wild.
Meine Stimme ist zu laut
und auch ein bisschen zu schrill.
Gott, wie ich schwitze!
Schlecht ist mir auch.
Ich gehe rasch zur Toilette, setze mich und schau
einmal rasch in meine Unterhose.
Plötzlich habe ich die Antwort
auf meine Frage.
Bin gar nicht verrückt geworden.
Hab nur meine Tage.

BLUMEN & GLITZER: Staub

Kennst du das Gefühl an einem freien Sonntag
in aller Frühe aufzustehen?
Ausgeruht und voller Ideen,
bereit, einem neuen Tag entgegenzutreten?

Nein? Echt nicht?
Hach, wie beruhigend.
Ich nämlich auch nicht.

Ich habe da aber einen Freund.
Nennen wir ihn Chris.
Manchmal ist Chris
nicht
ganz
dicht.

Denn es ward einst ein Sonntag,
um genau viertel nach zehn,
da klingelt Chris an meiner Haustür.
Ich kann die Welt nicht mehr verstehen.
Wie kann er es wagen
zu so früher Stund',
quasi mitten in der Nacht?!
Ich überhöre die Klingel und stelle mich tot.

Schaut mich nicht so an,
ihr hättet das genauso gemacht.
Gut, ist vielleicht nicht die feine englische Art.

Ich mach ja schon.
In Rekordzeit mache ich mich also halbwegs bereit
und gehe runter zur Tür,
werfe dabei noch einen flüchtigen Blick
in den Spiegel im Flur und stelle fest,
dass es mich beim Anblick meiner Selbst
würgt.
Wer nun glaubt, dass ich mir
dieses ganze Beispiel ausdenken musste,
der irrt.

Beim Öffnen der Tür wird Chris' Begrüßung
mit großer Euphorie zum Ausdruck gebracht
durch die unnachahmliche Art
wie er dabei aus vollem Herzen lacht.

Genau deshalb ist Chris eigentlich
ein ganz toller Freund.
Auch wenn seine Euphorie gelegentlich
zu den falschen Zeiten überschäumt.
Denn als Chris nun in mein kleines Reich
tritt herein
und mich überschwänglich umarmt
denke ich mir nur:
„Mein Gott,
muss das jetzt sein?"

Zu allem Überfluss
scheint an diesem Tag auch noch die Sonne.

Sie scheint und betont
gänzlich unverschont
dort auf dem Boden all die Spuren der Dinge,
die ich heute nicht gemacht habe.

Ich hätte noch staubsagen müssen,
so richtig ordentlich in die Ecken rein.
Mein aufgesetztes Lächeln ist auch
mehr Schein als Sein.

Wir setzen uns an den Tisch.
Wir quatschen und ich sehe allmählich
die dezenten Veränderungen in seinem Gesicht.
Die aufkeimende Erkenntnis,
dass er just in diesem Moment
eigentlich gar nicht so besonders willkommen ist.

Dabei will ich die Zeit
nur um ein paar Stunden zurückdrehen.
Will wissen, dass Chris kommt.
Will ihm meine schönste Seite zeigen.
Die, die ich der Welt vorhalte.
Das akkurat bemalte
Portrait, welches ich immer dann anschalte
bevor ich mein Gesicht der Welt hinhalte.
Doch da ist es nun zwischen seinen Augen:
Eine Sorgenfalte.

Hätte ich doch nur staubgesaugt!
So richtig ordentlich in die Ecken rein.

Doch stattdessen blicke ich in das Blau
seiner Augen, die mich so gut kennen
und kann nur hoffen,
dass diese Augen den schmutzigen Staub
in meinen Ecken und Kanten nicht erkennen.
Doch Chris könnte diese Staubkörner
im Schlaf benennen.

Also führen wir eine halbe Stunde lang
gezwungenen Smalltalk über Wetter und Arbeit.
Wir geben uns den Stress,
bis er mich unter einer fadenscheinigen Ausrede,
die wir beide durchschauen,
wieder verlässt.

Bevor er geht sieht er mich noch einmal an.
Grinst ein wenig verlegen und mit einem
Hauch von Scham
und verspricht:
„Nächstes Mal rufe ich dich vorher an."

Ja, bitte!
Ich schließe die Tür hinter ihm
und Erleichterung macht sich breit.
Ich schmeiße mich auf mein Sofa
und mache mich bereit
mich endlich dem zu widmen,
worauf ich mich schon die ganze Woche freu:
Nichts!
Rein gar nichts.

Da verspreche ich mir, es beim nächsten Mal
wiedergutzumachen.
Vorher den Staub wegzumachen
und mich dann voll und ganz auf Chris
einzulassen.

Eine Woche später gibt es Chris nicht mehr.
Sie sagen sein Tod ging schnell.
So wie dein letzter Besuch bei mir.
Als ich nicht dich sah,
sondern nur Augenringe im Spiegel
und Staub auf dem Boden
und jetzt hasse ich mich dafür.

Doch jetzt denke ich an dich.
Daran, dass ich dich so gerne
nochmal empfangen würde.
Ganz unbefangen den Klang
deiner Stimme einfangen
und mich wie eine Python um dich schlangen,
in der Hoffnung,
es möge dir nun an nichts mehr mangeln,
hier bei mir.
Doch das letzte Bild von dir
welches ich vor meine Augen führ'
ist die Sorgefalte zwischen deinen Augen.

Wieso nur hatte ich nicht staubgesaugt?!
Ich erhalte auf meinen Fragen
aber natürlich keine Antworten mehr.

Und das
Wo
Wann
Wie
Wieso
Weshalb
Warum
bohrt sich erbarmungslos in meine Komfortzone.

Doch auch wenn ich mir vielleicht
niemals ganz verzeih,
dir damals meine Zeit nicht unbeschränkt geweiht
zu haben, bleiben mir trotzdem die Erinnerungen
an die unzähligen schönen Momente,
die diesem Moment vorangingen,
und für diesen Moment lasse ich nur
diese Momente in meinen Gedanken nachklingen.

Nun ist aber wieder Sonntag,
genau viertel nach zehn.
Ich wandere zuhause im Flur herum.
Ich bin längst wach,
schlaflos mit meiner Frage nach dem Warum.
Mein Blick fällt auf die Staubflocken am Boden
und ich fühle mich unglaublich dumm.
Die Klingel an der Tür
…
bleibt stumm.

Und jetzt?

Wo bleibt sie nun?
Die Moral von der Geschicht'?
Ist ein Happy End nicht quasi Pflicht?
Ein Ende, das Hoffnung auf Besserung verspricht.
Doch in dieser Geschicht',
bin ich der Bösewicht.

Also tu dir den Gefallen und mache es
nicht
so wie ich.

Wenn deine Liebsten dich brauchen,
dich wollen, dann nimm dir die Zeit.
Auch dann, wenn es dir für heute eigentlich reicht.

Denn wir leben nur einmal.
Einmal ist genau jetzt.
Die Bedeutung des Moments
wird zu oft unterschätzt.

Im Moment des Todes
tritt schließlich Klarheit ein.
Kleines wird groß,
Großes wird klein.

Wir erinnern uns nicht an dicke Autos,
tolle Kleider,
große Macht.
Stattdessen denken wir einfach daran,
wie dieser Mensch uns anlacht.

Vergessen der Doktortitel,
passé das viele Geld.
Umso präsenter das Gefühl, wie es ist,
wenn Chris mich hält.

Ja: Ich verwende bewusst das Präsens,
denn seine Präsenz ist immer noch da.
Der Duft zwar verflogen,
doch die Erinnerung ganz klar.

Titel sind vergänglich.
Geld schnell ausgegeben.
Staubflocken vollkommen nebensächlich.
Und ja, gut, Spontanbesuche
sind vielleicht nicht was für jeden,
doch mentale Bilder sind für immer.
Nach diesen Augenblicken
sollten wir stets im Leben streben.

Also lebe!
So, dass du lebst,
liebst,
fühlst
und lachst.

Und wenn an deiner Tür die Liebe klingelt,
sieh zu,
dass du aufmachst.

PAPIER: Wind

Bemerkung: Dieser Text ist im Rahmen einer Stipendium-Bewerbung entstanden. Die Vorgabe der Schreibaufgabe hieß: Wind.

Wind.
Brauchen wir das überhaupt?
Wurden wir in unserem vergebenen Bestreben nach Neuem nicht schon hinreichend beraubt?

Wind nervt!
Er ist unbeständig: Mal kräftig, mal leicht,
mal tosenden, mal eisig, mal schwül und seicht.
Voll ätzend, diese unsichtbare Masse,
die uns entgegenpeitscht.
Ich behaupte: Das braucht doch kein Mensch!

Vor allem nicht bei dieser zunehmenden Tendenz,
Wind völlig entarten zu lassen.
Die Massen, die sich anpassen und sich wie
Insassen einengen lassen.
Wie Marionetten, an Seilen hängend und
vom Winde verweht.
Bereit einzuknicken, wenn es sich zu heftig um die
eigene Achse dreht.
Bereit sich an Vorgaben und Verbote zu halten.
Ja zu sagen,
während die anderen schalten und walten.

Weg mit dem Wind!

… was ist los?
Warum siehst du mich so irritiert an?
Warte! Blätter noch nicht weg.
Hab Geduld, bleibe dran.

Denn diese Zeilen beziehen sich gar nicht auf
meteorologischen Wind.
Vielmehr auf etwas, was uns immer mehr zwischen
den Fingern zerrinnt, während ein neues Zeitalter
des Hassens und des Hetzens beginnt.

Der Wind dieses Textes heißt Freiheit.
So wie der Wind ist auch die Freiheit
eigentlich leicht zu erreichen
und zugleich schwer zu begreifen.
Wenn man nicht aufpasst,
ist sie aber auch schnell wieder verloren.
Weil sich der Faschismus im Lande einschleicht,
leise und verstohlen.

Sie flüstern uns ins Ohr, sagen uns,
dass wir das alles gar nicht brauchen.
Sie fauchen und suggerieren,
Demokratie würde uns die Freiheit nehmen,
während sie sich im stillen Kämmerlein
heimlich danach sehnen,
die Massen für sich zu gewinnen
und entsprechend zu zähmen.

Ja, Freiheit ist vielleicht manchmal
schwer zu ertragen,
weil sie eben allen gehört, und nicht bloß denen,
die sich lautstark über zu viel Wind beklagen.

Wind kommt, und er geht, er weht und er besteht,
wenn wir Glück haben,
noch für viele weitere Jahrzehnte.
Damit das so bleibt,
verbleibe ich gerne in eurer Erinnerung als die,
die sich immerzu auflehnte.

Denn auch, ohne das Kind
beim Namen zu nennen,
lohnt es sich, im Kampf um die Freiheit trotzdem
immer entsprechende Farbe zu bekennen.

GLITZER: Bernd

Ich habe einen guten Freund.
Sein Name ist Bernd.
Er geht stets den gerechten Weg.
Hat sogar Erzieher gelernt.
Er weiß, was sich gehört
und würde nie eine Grenze überschreiten.
Lässt sich selten zu Unfug
oder Leichtsinn verleiten.
Bernd ist so ein richtig netter Kerl.

Gemeinheiten sind ihm fremd,
trägt meist ein fein säuberlich gebügeltes Hemd,
die Haare ordentlich gekämmt,
manchmal wirkt er sogar ein bisschen gehemmt.
Es gibt Dinge, die würde Bernd niemals tun.
Würde es niemals wagen, jemandem wehzutun.

Doch einmal,
da konnte Bernd nicht anders.
Es war vielleicht keine gute Idee,
eigentlich war es sogar ziemlich tabu,
aber wenn Bernd ihn ansah, oh,
da ging es ihm einfach so gut.
Er musste ihn berühren.
Wollte ihn ganz tief in sich spüren.
Nur einmal im Leben war es Bernd egal,
wohin diese Triebe ihn führen.
Dabei ist Bernd doch gar nicht so einer.

Aber dieses Mal eben doch.
Bernd fasste ihn an,
obwohl er es gar nicht wollte,
nur einmal sollte
ihm diese Freude doch vergönnt sein.

Sie waren doch daheim. Und allein.
Es würde ihr kleines Geheimnis sein.
Nach außen bewahrt sich der vornehme Schein.

Bernd berührte ihn und verschlang ihn gar ganz.
Der anfänglichen Distanz
wich zunehmender Toleranz
gegenüber gesellschaftlicher Tabuisierung.
Bernd vollzog seine ganz eigene,
persönliche Reformierung.

Es war vielleicht keine gute Idee,
eigentlich war es sogar ziemlich tabu,
aber als Bernd ihn verschlang, oh,
da ging es ihm einfach so gut.

Endorphine schossen durch seinen Körper.
Die Wörter betörter, überhörter Proteste
einer zunehmenden verpesteten weißen Weste.
Auch wenn er das niemals vorhatte.
Er lockerte sie immer mehr,
die ordentlich gebundene Krawatte

Einmal wurde wieder, wurde öfter, wurde täglich.

Aus unsäglich wurde kläglich,
wurde schädlich, wurde unerträglich.
Bernd ging ihn also, diesen unsagbaren Schritt.
Völlig ungeachtet dessen, wen er mit sich riss.
Er presste seine Lippen an den Hals,
schmeckte bitteres Salz und süßes Malz.

Es war vielleicht keine gute Idee,
eigentlich war es sogar ziemlich tabu,
aber wenn Bernd Wodka trank,
oh, da ging es ihm einfach so gut.
Denn mehr als einmal,
da konnte Bernd nicht anders.

Er musste ihn berühren.
Wollte den Rausch des Alkohols
ganz tief in sich spüren.
Nur einmal im Leben war es Bernd egal,
wohin diese Triebe ihn führen.
Die Rechtfertigung seiner Taten war,
dass die Konsequenzen doch ausschließlich
ihm selbst gebühren.

Bernd berührte die Flasche
und verschlang sie gar ganz.
Der anfänglichen Distanz
wich zunehmender Toleranz
gegenüber gesellschaftlicher Tabuisierung.
Bernd vollzog seine ganz eigene,
persönliche Reformierung.

Endorphine schossen durch seinen Körper.
Die Wörter betörter, überhörter Proteste
einer zunehmenden verpesteten weißen Weste.
Er konsumierte auch die allerletzten Reste,
auch wenn er das niemals vorhatte.
Er lockerte sie immer mehr,
die ordentlich gebundene Krawatte.

Aus immer wurde schlimmer,
wurde ein Flimmern vor den Augen.
Aus Vertrauen wurde Aufstauen,
wurde pures Grauen.
Bis Bernd die Kontrolle verlor.
Die zuvor emporschießenden Endorphine
brachten es nicht mehr.
Jede Flasche im Haus war leer,
sie haben seine Seele verschlangen.
Bernd musste um seine Zukunft bangen.

Die Angst vor dem Ruin ließ ihn
in eine Klinik ziehen.

Bernd hat seit 16 Monaten
keinen Wodka mehr getrunken.

Er kann selbst über sein Schicksal entscheiden.
Hat gelernt, Substanzen konsequent zu vermeiden.
Ich hoffe, dass er das noch sehr lange schafft.
Die Menschen, die ihn lieben,
geben ihm dazu reichlich Kraft.

PAPIER: Held

Es ward einst geboren
vor langer, langer Zeit
ein kleiner Junge, zart, auserkoren,
zu retten unsere Menschlichkeit.

Seine Mission war klar, längst in Stein gemeißelt.
Wehe dem, der dies anzweifelt.
Er war entstanden, in dem Gedanken,
zu retten das, was längst am Wanken.

Denn die Mutter noch vor seiner Zeugung einst
zum Vater sprach:
„Ach Schatz, unsere Liebe liegt nun brach.
Wo ist alles, was du mir versprachst?
Was ist aus uns geworden?
Wohin die Zeit, als du mich noch umworben?
Mir fehlt die Hingabe, mir fehlt der Sinn.
Ich fürchte, du inhalierst mich bald,
weil ich nun mehr Luft für dich bin."

Der Vater der Mutter in die Augen spähte und
erwiderte mit einer Stimme, die bebte:
„Liebling, als wir uns vermählten,
hast auch du Versprechen mir gemacht.
Bezirzt hast du mich, mit gehauchten Worten.
Erwartungen in meinen Lenden entfacht,
doch kaum den Ring dir angezogen,
hast du dich zurückgezogen.

Statt Strapsen nun und heißen Küssen,
muss ich mir meine Abende nun selbst versüßen.
Liebling, längst überfällig ist für dich
zum Doktor ein Gang.
Denn ich verstehe nicht,
wie man so oft Kopfschmerzen haben kann."

Ach mein liebes Publikum, ihr ahnt es sicher,
so geht es in dieser Geschichte um
einen Streit, welcher Jahrtausende alt,
glücklicherweise nicht in allen,
aber noch in zu vielen
Haushalten dieser Erde verhallt.

Mann und Frau, mit ihrem Los ganz unzufrieden,
entschieden sich also ein Kind zu kriegen.
Zwar lässt sich damit
keine zerrüttete Liebe
neu verbinden,
doch Zeit lässt sich ganz gut schinden.

So erblickte er das Lichte dieser Welt,
der Sohn, der die Liebe seiner Eltern
in Händen hält.
Mit der Aufgabe, zu retten das,
was für ihn ist
seine ganze Welt.

Der Sohn wuchs heran und ging eigene Weg nun.
Suchte eine eigene Form von Ruhm.

Denn was der Junge so oft im Spiegel sah,
zwar ein gewohnter Anblick war,
doch trotz des altbekannten Bildes,
wurde ihm nach und nach etwas klar.

Der Sohn ist meist ein braves Kind,
welches seinen Eltern recht viel Freude bringt.
Doch in seiner Seele etwas klingt,
was all seinen Bemühungen zum Trotz,
ihm nicht zu finden gelingt.

Wisst ihr:
Er fühlt sich niemals wirklich froh
im himmelblauen Fußballtrikot.

Statt Fußball zu spielen und
Muskelberge zu beneiden,
möchte der Sohn sich schön ankleiden,
mit Röcken und mit Stöckelschuhen.
Er stört sich sehr am Bartwachstum,
denn der Sohn fühlt nicht wie ein Mann.
Doch es gibt niemandem,
dem *sie* das sagen kann.
Also unterdrückt *sie* diesen Drang.
Doch es kommt sodann, wie es kommen muss.
Als der Vater ungefragt in
das Kinderzimmer setzt einen Fuß:
In einem Moment, als sein Sohn
ihn nicht erwartet,
dieser sich dem Vater in Schminke offenbartet.

Vater schrie sofort laut heraus:
„Was soll das denn? Was ist das für ein Graus?"

Sein Schrei die Mutter in das Zimmer ruft,
die sogleich die Wahrheit ersucht.
Mit einem Gesicht, leichenblass,
Mutter ihn fragt:
„Mein Kind, wieso tust du das?"

Der Sohn, für seine Erzeuger einst ein Held,
den Eltern hilflos die Hände hinhält.
Mit Tränen in den Augen sodann der Sohn:
„Mutter, Vater, ich kann das nicht.
Ich kann nicht so sein, wie ich wurde geboren.
Zum Held bin ich nicht auserkoren.
Ich blicke in den Spiegel und weiß ganz genau:
Ich bin kein Junge,
ich bin eine Frau!

Der Vater das Gesicht in die Hände legt.
Sein Herze vor Verzweiflung bebt.
Er fragt sich voller Wut und Scham,
ob er wohl etwas falsch getan.

Die Mutter dem Kinde in die Augen blickt.
Sie sieht wie ihr Kind trotz Kummer
das Kinn nach vorne reckt.
Ihre Stimme sie sodann erhebt,
obwohl auch diese vor Erregung bebt,
spricht Mutter zum Kinde im sicheren Ton.

Sie sagt:
„Ab heute bist du nicht mehr mein Sohn!"

Mit diesen Worten dem Kinde das Herze bricht.
Doch nun kommt die Wendung dieses Gedichts,
als Mutter tief Luft holt und weiterspricht:
„Nein, nie mehr bist du
der Sohne mein.
Ab heute wirst du stattdessen
meine Tochter sein."

Dieser Tag wurde zu dem Moment,
als Mutter und Vater sich endgültig getrennt.

Es ward geschieden, was nie zusammengehörte:
Die Liebe, die nicht das Kind,
sondern die Eltern selbst längst zerstörte.

Mutter und Tochter nun eigene Wege gehen,
beide folgen ihren eigenen Ideen.
Leben glücklich bis an Ende ihrer Tage.
Ohne Fußball,
ohne Kopfschmerz
und ohne Klage.

Liebe so bitte auch du dein Kind.
Genauso wie es nun mal ist.
Denn dieser Mensch gehört dir nicht.
Es schuldet dir nichts
und wieder nichts.

PAPIER: Laudatio

In meinem Beruf als Trauerrednerin werde ich täglich mit Reue konfrontiert. Dieses eine falsche Wort, zur falschen Zeit. All die Worte, die man so doch gar nicht meinte. Die Worte, die man zwar im Herzen getragen, aber niemals über die Lippen bekommen hat.

Doch plötzlich steht man in einer Trauerhalle und stellt fest: So viele Dinge, die wir bei Beerdigungen sagen, sollten wir viel lieber stattdessen an Geburtstagen erzählen. Oder an Weihnachten. Oder an einem beliebigen Dienstagnachmittag beim Kaffeetrinken.

Nun könnte man meinen, ich würde im Alltag mein Herz auf der sprichwörtlichen Zunge tragen. Schließlich müsste ich es doch besser wissen.

Doch die Angst vor selbsterfüllenden Prophezeiungen schnürt auch mir oftmals die Kehle zu. Also schweige ich oder verwässere meine Gefühle, um sie über meine Lippen zu bekommen.

Wenn ich aber eines Tages hinter einem Pult in einer Trauerhalle stehe, möchte ich dies mit möglichst wenig Reue tun. Wenn also meine Liebsten heute gehen würden: Welche Worte würde ich für ihre Trauerrede finden?

Es folgt meine Laudatio an die Lebenden:

Liebe Trauernde,
liebe Familienangehörige, Freunde, Wegbegleiter,
es gibt Momente im Leben, die uns die Sprache ver-
schlagen. Augenblicke, in denen wir nicht wissen,
was wir sagen sollen, weil unsere Emotionen uns im
wahrsten Sinne des Wortes die Kehle zuschnüren.

Der Tod eines geliebten Menschen gehört sicherlich
zu diesen außergewöhnlich schmerzhaften Momen-
ten des Lebens.

Welche Worte könnten wir also heute sprechen? An
diesem Tag, an dem wir alle die undenkbare Aufga-
be haben, unserem so geliebten Menschen endgültig
Lebewohl sagen zu müssen?

Welche Worte wären richtig?
Womit könnten wir echten Trost spenden?

Ich will ehrlich zu euch sein: Ich glaube nicht, dass
es die perfekten Sätze dafür geben kann. Schließlich
vermögen Worte allein ein gebrochenes Herz kaum
zu heilen. Daher will ich eines heute nicht tun:
Ich möchte nicht mit leeren Worthülsen von der
Stange um mich schmeißen und damit versuchen
diesen Trost, den wir uns so sehnlich wünschen, zu
erzwingen.

Ich werde heute keine Trauerrede halten.
Werde keine Trauerfeier anleiten.

Dieser Moment soll stattdessen eine Erinnerungs-
feier werden. Ein Augenblick, in dem wir auf ein
ganzes Leben zurückblicken und dabei plötzlich
feststellen, dass die Essenz eines Menschen sich we-
der zwischen den Zeilen eines Lebenslaufs noch im
Großen verbirgt.

Wenn jemand geht, den wir lieben, vermissen wir
schließlich nicht die beruflichen Errungenschaften
oder potentielle akademische Grade. Wir sehnen
uns nicht deshalb nach einem Menschen, weil diese
Person besonders sportlich oder besonders gut ge-
kleidet war.

Noch nie hat jemand im Trauergespräch auf meine
Frage danach, was sie nun am meisten vermissen,
damit geantwortet, dass „die Oma immer so schön
dünn" war.

In der Konfrontation mit unserer eigenen Endlich-
keit stellen wir plötzlich fest, dass die Ecken und
Kanten einer Persönlichkeit viel wichtiger sind als
die Eckdaten einer Biografie. Viel wichtiger als all
diese Dinge, die in unserem Alltag so groß erschei-
nen und uns den Blick für das Wesentliche rauben.

Denn wenn ich heute an dich denke, mein liebes
Schwesterherz, dann erinnere ich mich nicht an dei-
nen Beruf, sondern daran, wie ich als kleines Mäd-
chen immer an deine Tür geklopft und mit Nach-

druck nach meiner „Sissi" verlangt habe. Daran, dass du bestimmt manchmal davon genervt warst. Dass du aber immer die Tür aufgemacht und mit mir gespielt hast. Unsere Mutter musste dich dazu meistens nicht mal nötigen. Meistens. Dass du einmal ganz allein mit mir über den großen Teich geflogen bist, als ich noch ein Baby war (und seien wir ehrlich: Du warst es eigentlich auch noch. Früher war eben wirklich alles anders). Dass du aber meine Hand dabei nicht für eine einzige Sekunde losgelassen hast.

Bruderherz, ich werde niemals vergessen, dass du derjenige warst, der mir beigebracht hat, dass es neben einer biologischen auch eine logische Familie geben kann. Ich erinnere mich an deine Stärke und an deine Weisheit, mit der du meistens den richtigen Ton getroffen hast (meistens, wohlgemerkt. Nicht immer. Mit dir konnte man auch zoffen). Ich erinnere mich aber vor allem an deine Fähigkeit zu verzeihen. Daran, dass du immer wusstest, dass jeder Mensch Licht aber auch Schatten in sich trägt. Dank dir kann nun auch ich mich auf das Licht konzentrieren. In mir selbst und auch in anderen.

Dad, looking back there are things I wish had been handled differently. Some words that I needed to hear, were left unspoken. Other words I wish had never been spoken out loud. Our relationship might not be perfect, but it is honest and real. If there is one thing I could tell you, then I'd let you know, that I never left you. I also know that you never left me. Not really. Thank you for always being there when it counted. Thank you for loving me in that entirely unconditional way that only you can. Thank you for your undeniable support and the fact that distance never seemed to matter when it comes to us. We could always seamlessly pick things right back up where we left them last time. Loving you was always effortless, despite all the obstacles.

Mom, deine Laudatio muss heute den größten Raum einnehmen, denn du spieltest stets die Heldin in der Geschichte, die sich mein Leben nennt.
Wie es sich für jede gute Heldin gehört, war auch deine Geschichte nicht geradlinig. Jeder Held benötigt einige saftige Stolpersteine im Rahmen seiner Handlung (das sorgt bekanntermaßen für Charakterentwicklung). Wenn ich mich an dich zurückerinnere, verblassen aber all diese falschen Worte zur falschen Zeit. Weil sie von so unglaublich vielen wertvolleren Andenken überschatten werden.
Ich denke daran, dass wir beide schon immer Morgenmuffel waren. Daran, dass wir damals in unserer „WG", wie wir es liebevoll nannten, an deinen freien Tagen mittags um 12 Uhr wie Zombies im Flur nebeneinander hergelaufen sind. Dass wir uns stets ohne Worte zu wechseln darüber einig waren, dass wir die andere erst dann ansprechen, wenn wir je mindestens zwei Tassen Kaffee intus haben.

Ich denke an unendlich lange Telefonate und Abende auf deinem Balkon, bei denen ich meist so viel länger geblieben bin, als eigentlich geplant. Weil wir uns gegenseitig dazu ermuntert haben, „wirklich nur noch eine Zigarette" miteinander zu rauchen. Das hat selten funktioniert.

Ich denke an politische Debatten, die ausnahmslos wirklich immer im Streit endeten, weil wir beide jeweils das andere Ende des politischen Spektrums repräsentierten.
(Ich bleibe dabei: Ein Satz, der mit „ich bin ja nicht so, aber…" beginnt, kann nicht gut enden.)

Ich denke an eine unglaublich starke Kämpferin, die jeden noch so harten Schicksalsschlag ertragen hat. Die zwar oft vom Leben umgeworfen, dabei aber niemals liegengeblieben ist.

Ich denke daran, dass du vielleicht nicht immer die perfekten Worte gefunden hast. Dass deine Liebe aber immer bedingungslos, tiefgehend, ehrlich war.

Ich denke daran, dass du gerade in deiner subjektiven Unvollkommenheit für mich doch irgendwie vollkommen perfekt warst.

Es gäbe so viele andere Menschen, die hier und heute eine Laudatio verdient hätten. Doch die Angst vor der selbsterfüllenden Prophezeiung lässt meinen Stift nun verstummen. Denn der Lauf der Dinge sieht vor, dass diese Menschen eines Tages mich zu Grabe tragen und nicht andersherum.

Doch wenn ich eines Tages hinter einem Rednerpult in einer Trauerhalle stehe, dann mit dem Wissen, dass ich euch anderen diese Dinge bereits zu Lebzeiten gesagt habe.
(Na gut, ich habe sie nicht gesagt, sondern geschrieben. Aber ihr wisst schon, wie ich das meine.)

Ihr werdet dann gegangen sein mit dem Wissen, dass ich immer an euch denken werde.
Bei jeder Zigarette, die ich mir anzünde, bei jeder politischen Debatte, bei jedem Flug über den großen Teich, bei jedem falschen und jedem richtigen Wort und bei allem, was Licht und allem was Schatten in mir ist.

An diesem Tag des Abschiednehmens werde ich also hoffentlich nicht bloß weinen.
Ich hoffe, dass ich lächeln werde. Weil ich weiß, mir kann niemand diese Erinnerungen nehmen. Weil eure Liebe mich getragen hat und mich zu dem Menschen gemacht hat, der ich bin. Weil ich weiß, dass ich nun euch immer bei mir tragen werden. Weil ich Freude im Herzen darüber trage, dass es euch gegeben hat.
I love you guys.

EPILOG: Verbales Konfetti

Sie sagen:
Schon süß, was du da machst.
Ein schönes kleines Hobby, deine liebliche Poesie.
Mehr wird daraus aber ja sowieso nie.

Sie sagen:
Wenn du schreibst, dann reimst du zu viel.
Mach lieber Prosa.
Schreibe aber ruhig härter, du bist noch zu subtil,
doch überfordere deine Leserschaft nicht.
Verzichte im Zweifel auf Politisches.
Reize die Gemüter, doch reize es nicht aus,
und denke daran:
Texte über WGs gibt es schon zuhauf.
Keine Wiederholungen, keine Floskeln,
Phrasen oder Thesen.
Gleichzeitig aber ausreichend Raum,
um zwischen den Zeilen zu lesen.
Leicht verständlich und bodenständig,
selbstverständlich eigenhändig
verfasst und immer darauf bedacht,
dass die Leserschaft die Botschaft auch erfasst.

Sie sagen:
Oh, ein eigenes Buch.
Na, da kann man ja nicht meckern.
Doch noch lange kein Grund,
sich mit Ruhm zu bekleckern.

Mit Gedichten ist es schließlich
mitnichten möglich reich zu werden.
Mit einem richtigen Buch könntest du
deinen Kindern vielleicht mal was vererben.
Kommst dann groß raus
und lebst in Saus und Braus!
Versuchs doch mal damit.
Warte aber nicht zu lange,
weil die Uhr immer schneller tickt.

Ich sage:
Ich schreibe nicht, um allen zu gefallen.
Nicht, um mich in Ruhm zu sonnen
oder Applaus zu bekommen.

Ich schreibe, weil meine Mutterseele
sich manchmal um die eigene Achse dreht,
während der Wind der Freiheit
uns allen um die Ohren weht.

Weil Spiele manchmal Konsequenzen haben
und Alkohol und Einsamkeit
sich nicht besonders gut vertragen.

Weil Zeit relativ ist und jedem
unaufhörlich durch die Finger rinnt,
während alle Jahre wieder eine neue Zeit beginnt
und das Christkind
uns durch Abgasschwaden den Glühwein bringt.

Weil Helden oft nur stark erscheinen
und im stillen Kinderzimmer heimlich weinen.
Weil Hass nicht immer von Hass spricht
und Liebe oft an uns selbst zerbricht.

Weil Tulpen schön sind.
Rosen auch.
Weil Menschen zusammenbrechen
zwischen Identitätskrisen und Missbrauch.

Weil wir zu häufig schweigen,
anstatt zu sprechen
und zu selten für die Schwächsten
Lanzen brechen.
Wir machen viel zu wenig Lärm
und denken nicht an das Licht unseres Sterns.

Manchmal freuen wir uns auf die Moral
des Gedichts.
Andere Male ist am Ende des Lichts
ein allumfassendes, quälendes
Nichts.

Doch durch alle Höhen und Tiefen
soll stets Hoffnung sprießen.
Durch lieben, lachen und schlechte Launen,
unter Trompeten und Posaunen.
Hass und Freud'
und Glück und Trauer.
Die Hoffnung zersprengt noch jede Mauer.

Halte dich ruhig an ihr fest.
Gibt das Leben dir auch den letzten Rest,
Sei laut und krass und wagemutig,
schreibe dir, wenn du willst,
die Finger blutig.
Auch in dem Wissen,
dass es nicht jedem gefällt.

Sei der Held,
der das Schicksal der eigenen Welt
in den Händen hält.

Ich habe bestimmt nicht immer
den richtigen Ton getroffen.
Ließ euch bangen, ließ euch hoffen,
führte euch hin und wieder in die Irre,
weil ich mich beim Schreiben
auch selbst verwirre.
Ich plane selten und lasse mich
vom Stift verführen,
um Herzen zu berühren
und in eine andere Gedankenwelt
zu entführen.

Manchmal schreibe ich,
um meiner Gedankenwelt selbst zu entfliehen.
Um mich der unerträglichen Realität zu entziehen,
in der Hoffnung, meine Emotionen
wieder zu verbiegen und geradezuziehen.

Doch Schreiben ist für mich stets herrlich
und eigentlich geradezu unentbehrlich
sei es auch noch so beschwerlich.
Jedes Wort kommt von Herzen
und ist damit ehrlich.

Ich muss mir im Alltag oft genug
auf die Zähne beißen.

Lasst mich also wenigstens hier
mein verbales Konfetti schmeißen.

Ob nun Glitzer, Blumen und Papier,
wer bis hierhin gelesen hat,
dem danke ich dafür.

Verbales Konfetti

Ich hoffe,
dass ein Stück Konfetti
in eurer Seele verbleibt.

Denn das ist die Motivation,
die mir beim Schreiben
die meiste Kraft verleiht.

Buchempfehlungen
Themenbände – originell auf den Punkt

In unseren Themenbänden geben mit die besten Poet*innen der deutschsprachigen Slamszene ihre Gefühle, Ideen, Erfahrungen, Utopien und Meinungen zu bestimmten Themen preis. Ob lyrisch oder prosaisch, ob nachdenklich oder humoristisch, auf jeden Fall lesenswert.

Themenband 1
ISBN: 978-3-98809-002-7

Themenband 2
ISBN: 978-3-98809-004-1

Themenband 3
ISBN: 978-3-98809-00▐

Themenband 4
ISBN: 978-3-98809-023-2

Themenband 5
ISBN: 978-3-98809-025-6

je Themenband
12,95 EUR (D)
13,40 EUR (A)
15,00 CHF (CH)

Weitere Bücher unserer Autor*innen

Theresa Sperling, **zweifache deutschsprachige Meisterin im Poetry Slam,** präsentiert in ihrem ihrem ersten Sammelband alle 33 lyrischen Slamtexte aus 2014–2024. Jeder ihrer Texte hat ein eigenes Vorwort zur Entstehungsgeschichte sowie Anmerkungen zu Performance und Wirkung des Stücks.

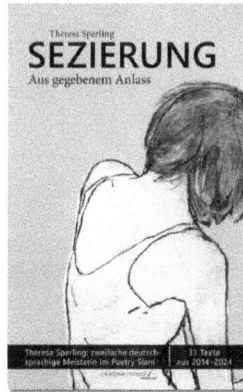

Sezierung
Aus gegebenem Anlass

ISBN: 978-3-98809-015-7
16,00 EUR (D) | 16,50 EUR (A) | 19,00 CHF (CH)

Ein Sammelband aus dem Affenhaus namens „Leben"
Irgendwann ab Anfang 30 verschwimmt diese magische Grenze zwischen angeborener Unzurechnungsfähigkeit und beginnender Midlifecrisis. Man wird weiser, jedoch nichts, wirklich gar nichts im Leben wird einfacher.
Marcel Ifland war Veteran aus 11 Jahren Internetsatire bei Stupidedia.org und aus hunderten Abenden auf Kleinkunstbühnen.

Makaken und andere Katastrophen
40 Texte für 40 Lebensplagen

ISBN: 978-3-98809-011-9
16,00 EUR (D) | 16,50 EUR (A) | 19,00 CHF (CH)

DICHTERWETTSTREIT deluxe

Milton Keynes UK
Ingram Content Group UK Ltd.
UKHW030919121124
451094UK00005B/379